VIE

DU

BIENHEUREUX THOMAS HÉLYE

DE

BIVILLE

IMPRIMERIE CONTANT-LAGUERRE, BAR-LE-DUC

VIE

DU

BIENHEUREUX THOMAS HÉLYE

DE BIVILLE

SUIVIE

D'UN GUIDE A L'USAGE DES PÈLERINS

EN VENTE

à BIVILLE (Manche)

1884

AVANT-PROPOS.

—

IXER les souvenirs des nombreux pèlerins de Biville, donner aux fidèles dévots au bienheureux Thomas Hélye un faible moyen de propager un culte cher à nos ancêtres, tel est le but des pages qui vont suivre. Elles n'auront ni l'intérêt d'une histoire complète, ni le charme d'un récit légendaire, mais elles résument ce qu'une critique impartiale des ouvrages antérieurs permet de considérer comme sérieusement établi. Un livre où sont racontées les actions d'un saint, doit être, plus que tout autre, un livre de bonne foi.

Les détails biographiques sont empruntés au récit de l'auteur latin, Clément, contemporain du bienheureux. Ce récit est la source unique à laquelle ont dû puiser tous les auteurs, depuis le versificateur Haguais, qui, vers la fin du

APPROBATION.

J'approuve volontiers l'opuscule qui a pour titre : *Vie du bienheureux Thomas Hélye de Biville, suivie d'un Guide à l'usage des Pèlerins.* Ce livre, puisé aux sources les plus autorisées, me semble répondre au désir souvent exprimé d'une vie vraiment populaire de notre *Thaumaturge Normand.* Il fera de plus en plus connaître et admirer le saint Prêtre de Biville et ranimera la confiance en sa puissante intercession.

Dégagé des documents qui fixent l'attention du petit nombre, il offrira cependant aux esprits curieux un véritable intérêt; car le récit de la vie du bienheureux Thomas s'y trouve comme encadré dans des aperçus généraux et particuliers qui ne sont pas sans charme.

L'appendice sera d'une grande utilité pour les pèlerins qui visitent Biville et qui voudraient connaître tous les souvenirs se rattachant à notre bienheureux.

† ABEL, *Évêque de Coutances*
et Avranches.

XIIIe siècle, traduisit Clément en langue vulgaire, jusqu'au jésuite Tinnebroek des Bollandistes dont le savant travail a, pour ainsi dire, épuisé la matière.

Clément, clerc du prieuré d'Héauville, avait connu Thomas Hélye. Peu après la mort du bienheureux, il en écrivit la vie à la demande d'Alain, curé de Biville.

Le concours des fidèles affluant de toutes les parties du monde au tombeau du saint missionnaire de la Hague avait rendu nécessaire l'histoire de sa vie. Ce concours, ainsi que le verra le lecteur dans cet opuscule, dura jusqu'aux approches de la Terreur. Mais voilà que de nos jours il reprend un nouvel essor, signe évident de la vitalité de la foi dans notre diocèse; car si le culte des ancêtres est la vertu des nations prospères, le culte des saints est l'aliment de la piété des peuples.

Puisse ce modeste travail contribuer à faire connaître, aimer et imiter celui qu'on appelait, au XVIIe siècle, « le Thaumaturge de la Normandie[1] ».

---

[1] André du Saussey, *Martyrologe gallican.*

VIE DU BIENHEUREUX

THOMAS HÉLYE DE BIVILLE

CHAPÍTRE PREMIER.

Comment le Bienheureux Thomas Hélye naît de parents chrétiens et apprend à servir Dieu, dès son enfance.

A foi héroïquement pratiquée à tous les degrés de la hiérarchie sociale est le caractère et le trait distinctif de l'époque où naquit Thomas Hélye. Depuis le Roi, qu'un chapelain en prières suivait sur le champ de bataille de Bouvines, jusqu'à l'humble laboureur, fidèle aux pratiques quotidiennes de la religion, tous s'inspiraient et vivaient de la foi. A l'église, réunissant sous sa direction toutes les forces sociales, est due la grandeur incomparable de cette période historique, qui embrasse la fin du xiie siècle et le xiiie tout entier. On ne saurait donc s'étonner du dénigrement systématique dont le Moyen-âge a été l'objet spécialement au xviiie siècle. Aujourd'hui cette histoire, appelée par de Maistre une conspiration contre la vérité, a fait son temps. La science et la critique historique ont restitué la véritable physionomie de cette époque où la tiare était portée par les Innocent III et les Grégoire IX, la couronne de France, par un Philippe-Auguste et un saint Louis, où l'univers chrétien était renouvelé par les vertus et les enseignements des François d'Assise, des Dominique. Ce n'était pas un âge barbare et mort ; mais bien « l'âge héroïque de la civilisation moderne »... « ces siècles de véritable rénovation, où l'humanité meurt dans sa forme antique et païenne pour vivre sous sa forme moderne, c'est-à-dire chrétienne [1] ».

Au milieu de ce magnifique épanouissement, il était réservé à la Hague, petit pays perdu au nord du diocèse de Coutances, d'apporter son fleuron à la brillante couronne de l'Église.

Dans la paroisse de Biville, au doyenné de

---

[1] A. Charma.

la Hague [1], dépendance de la baronnie de Briquebec, se trouve un petit village appelé hameau Gardin, du nom du seigneur qui l'habitait. Situé non loin de l'église, près de ces immenses dunes de sable que la mer vient battre de ses flots, ce groupe de maisons présente un aspect sévère. C'est là, au milieu de cette nature pauvre et presque stérile que naquit le bienheureux Thomas, au commencement du règne qui a rendu le nom de Philippe glorieux entre les noms de nos rois. Son père s'appelait Hélye, sa mère Mathilde, sans autres noms, suivant l'usage du temps. Quelques auteurs modernes ont cru devoir, mais sans succès, leur chercher des titres de noblesse. Les parents de Thomas appartenaient à ces familles de braves paysans normands depuis longtemps déjà libres de leurs personnes et maîtres de leurs biens. Leur modeste patrimoine, grâce à des habitudes d'ordre et de travail, suffisait à leur assurer une honorable aisance. Gens « de bon renom », dit leur premier historien, ils étaient, comme la plupart de leurs contemporains, de solides et fervents chrétiens.

---

[1] Aujourd'hui canton de Beaumont.

Aucun document ne nous a conservé la date exacte de la naissance de Thomas, mais tous les historiens s'appuyant sur les faits principaux de sa vie et la date connue de sa mort placent sa naissance en l'an 1187. A cette époque, le duché de Normandie, réuni quelques années plus tard au royaume de France, était gouverné par Henri II Plantagenet, roi d'Angleterre. Ce prince, à la suite du meurtre de Thomas Becket, dut se soumettre à la pénitence publique devant les évêques réunis au concile d'Avranches, et multiplier les actes de réparation dans toute la province où le passage de l'archevêque anglais avait laissé de profonds souvenirs et où sa mort avait excité autant de regrets que d'indignation. Aussi la canonisation du martyr de Cantorbéry, en 1173, fut-elle accueillie avec enthousiasme. Notre Bienheureux fut un des nombreux enfants de la Normandie qui reçurent dans la suite, au baptême, le nom vénéré et populaire du nouveau saint.

Fidèle aux devoirs d'une bonne mère, Mathilde s'appliquait à développer en ses enfants la piété, « ce don que Dieu réserve à ses amis et sans lequel toutes les qualités du cœur et de l'esprit tournent en ruines à ceux qui en sont ornés[1] ». Le jeune Thomas répondait aux soins maternels et se distinguait entre ses frères par une douce gravité, un recueillement continuel et une grande ferveur dans la prière. Telles sont les qualités que tous les historiens se sont plu à remarquer dans la jeunesse d'ailleurs peu connue du futur Bienheureux. Thomas croissait devant Dieu, humble enfant dont nul miracle n'avait signalé le berceau, mais dont toute la vie devait être pleine de mérites et de merveilles cachées.

Ni les soins, ni les enseignements, ni les exemples dont la Providence favorise les enfants nés de familles vraiment chrétiennes, ne lui firent défaut dans la maison paternelle. Il reçut encore dans sa paroisse natale l'instruction élémentaire donnée alors communément à tous les enfants de son âge. L'enseignement religieux, l'écriture, la lecture de la langue vulgaire et de la langue latine, les premiers éléments de la grammaire et du chant, l'étude du Psautier dit des sept Psaumes, tel était, le plus ordinairement du moins, le programme des milliers d'écoles qui couvraient la France avant les bouleverse-

[1] Bossuet, *Oraison funèbre du prince de Condé.*

ments et les désastres de la guerre de Cent-Ans[1].

Les heureuses dispositions du jeune Thomas et ses progrès dans les premières études décidèrent ses parents à l'envoyer aux écoles de Cherbourg.

Cherbourg, ville déjà très ancienne, avec son port fréquenté depuis plusieurs siècles, avait environ 5,000 habitants. Elle possédait un château important auquel Guillaume le Conquérant avait ajouté un hôtel-Dieu et une église remplacée au xve siècle par l'église actuelle de Sainte-Trinité. Ainsi qu'un grand nombre de villes, elle était dotée d'écoles supérieures, où l'on enseignait le latin, le grec, la grammaire, la rhétorique, la logique et quelques éléments des sciences physiques et naturelles. Ces cours étaient à l'enseignement des écoles paroissiales ce que peuvent être aujourd'hui les cours de nos collèges par rapport aux écoles primaires.

Thomas demeura fidèle à ses habitudes précoces de piété et de travail, et répondit à toutes les espérances de ses parents. Écolier modèle, il fit de rapides progrès et acquit sur ses condisciples l'ascendant que donne le mérite joint à la vertu.

[1] Wallon, J. Janin, Bibliophile Jacob.

CHAPITRE II.

Comment le Bienheureux Thomas Hélye se consacre
à l'éducation de la jeunesse.

———

PRÈS avoir complété ses études, le brillant et pieux écolier remplit l'humble fonction d'instituteur. Les âmes généreuses ont de tout temps senti un vif attrait pour les œuvres de dévouement. De nombreux saints, des évêques, des papes illustres n'ont pas craint de consacrer les premières années de leur maturité ou les derniers jours de leur vie à l'instruction de l'enfance. Notre siècle se souvient du jeune comte, instituteur des orphelins de Rome, devenu le glorieux Pie IX.

Digne modèle des futurs maîtres de l'enfance, Thomas réalisa dans sa personne le type de l'instituteur chrétien dont la vie se résume en trois mots : Dieu, l'étude, ses élèves. De tels maîtres apprécient le mérite et les jouissances d'une culture intellectuelle développée; mais ils regardent comme leur premier devoir de nourrir les intelligences de la vérité religieuse et de former les âmes à la vertu; ils savent que toute formation de l'homme, en dehors de son élément vital et abstraction faite de sa fin, est impossible.

Au mérite de ses leçons, Thomas savait joindre toutes les qualités qui font de l'instituteur le père de sa nombreuse famille. Son amour pour les enfants n'avait pas de bornes, et sans l'amour, à quoi serviraient les leçons? S'associant aux joies de ses élèves, applaudissant à leurs jeux, encourageant leurs succès, évitant toute aigreur et toute parole dure dans ses avertissements, il ne les reprenait qu'avec douceur et bonté. Aussi, lorsqu'il était obligé de sévir, jamais on ne se plaignait de sa fermeté. L'ardeur de ses sentiments intérieurs passait tout entière sur son visage et dans ses discours lorsqu'il parlait des mystères de la religion et de la nécessité de la piété. Doucement subjugués par la sainteté de leur maître, les jeunes disciples recevaient avec plaisir ses enseignements et ouvraient sans peine leurs cœurs à la vertu.

Thomas enseigna d'abord dans sa paroisse natale et dans différentes paroisses de la Hague; mais les rares qualités du pieux régent ne tardèrent pas à être remarquées, et, dans un âge encore peu avancé, il dut accepter la direction des écoles de Cherbourg. Ses efforts furent couronnés par les plus éclatants succès, ainsi que le raconte son premier historien; et son zèle put s'étendre non-seulement à tous les enfants qui lui étaient spécialement confiés, mais aussi à tous les jeunes gens de la ville et à ses collaborateurs dont il gagna promptement l'estime et l'amitié.

Tout entier aux devoirs de sa charge, il donnait à la direction et à l'instruction de ses élèves toutes les heures de la journée. Puis, après le labeur quotidien, il consacrait à l'étude les moments dont il pouvait disposer et prenait aux dépens de son repos le temps d'assister aux offices du soir, alors régulièrement suivis par beaucoup de fidèles, et de prolonger ses pieuses veilles à l'église. Il oubliait la fatigue et le besoin de sommeil pour satisfaire devant le tabernacle et l'autel de la Sainte Vierge, la double dévotion qui domina toujours sa vie intérieure.

Si détaché qu'il fût de toutes choses, le

Bienheureux conserva toujours un profond attachement à sa paroisse natale, à son cher Biville, qui devait le revoir plus d'une fois pendant sa vie et posséder ses restes précieux après sa mort. Souvent il se rendait à pied de Cherbourg à Biville, suivant à travers les bois et les landes de la Hague un chemin plus direct, et s'arrêtait près de la fontaine qui a conservé, dans le pays, le nom de Fontaine du Bienheureux Thomas [1]. Ces visites à Biville et à sa famille furent le seul délassement que Thomas se permit pendant qu'il conserva la direction des écoles de Cherbourg. Cela dura plusieurs années, jusque vers son âge de vingt-cinq ans. Alors Dieu inspira à cette âme qui lui appartenait déjà toute entière, un nouveau genre de dévouement et de sacrifice qui devait se prolonger pendant plus de 20 ans, et le préparer à sa suprême vocation.

[1] Voir *Guide des Pèlerins*, VI, p. 93.

CHAPITRE III.

Comment le Bienheureux Thomas Hélye se livre aux
exercices rigoureux de la pénitence.

PUISÉ par les travaux de sa charge,
par les veilles et l'étude, le jeune instituteur fut atteint d'une fièvre mortelle.
Faisant le généreux sacrifice de sa vie,
Thomas bénit la main qui le frappait. La mort
n'a rien de dur pour les âmes pieuses, ét la
crainte des jugements divins ne saurait éteindre
en elles la confiance. Mais Dieu destinait son
serviteur à de plus longs travaux et lui rendit
la santé. La guérison fut pour Thomas le point
de départ d'une vie nouvelle. Il était parvenu à
ce moment décisif de la vie de plusieurs saints,
humblement appelé par eux leur conversion,
alors qu'il s'agit en réalité du passage d'un état
de vertu déjà peu ordinaire à un admirable état

de perfection. La maladie est souvent l'occasion destinée, dans les desseins de la Providence, à déterminer ces héroïques transformations.

Thomas répondit généreusement à l'appel de Dieu. Après avoir quitté Cherbourg et ses disciples tant aimés, il se retira à Biville pour se vouer exclusivement à la prière et à la pénitence. La mort de ses parents le confirma dans sa résolution. Ne voulant rien de leur patrimoine, il l'abandonna tout entier à son frère Guillaume, chez lequel il continua de demeurer.

Dès son retour à Biville, Thomas dépouilla tout ce qu'il avait conservé de commun avec les autres hommes. Dédaignant tout soin extérieur de sa personne, vêtu d'une robe de bure grossière et de couleur sombre qui cachait un cilice, il n'accorda à son corps que le plus strict nécessaire, et devint un exemple vivant de renoncement au monde. Cruelles macérations, disciplines quotidiennes, sévères privations de nourriture et de repos, aucune des mortifications communes aux anciens anachorètes ne lui fut inconnue ; il les pratiqua toutes avec une invincible ténacité pendant sa longue retraite de Biville, et en contracta l'habitude définitive pour toute sa vie. Il couchait sur la dure, jeûnait, au moins trois fois la semaine, au pain et à l'eau, en plus des jeûnes prescrits par l'Église. Il s'interdisait ordinairement l'usage du vin, de la viande, du poisson et même du pain de froment. Guillaume dont l'affection fraternelle ne se démentit jamais, tentait vainement de le faire dévier de la ligne de conduite qu'il s'était tracée. Pendant que Guillaume et ses parents prenaient leur repas ordinaire, Thomas mangeait en leur compagnie son morceau de pain d'orge et, après cette frugale réfection, rentrait dans sa retraite, à sa chambre ou à l'église.

Cette immolation extérieure et corporelle n'était que l'image et la figure de l'immolation intérieure de l'âme, qui l'inspirait et lui donnait tout son prix. Il est grand pour la foi le spectacle de ce jeune saint aux traits amaigris, aux cheveux et à la barbe longs et incultes, au corps épuisé, mais allégé en quelque sorte de tout ce qui pourrait intercepter le pur rayonnement de l'âme vers Dieu.

Les saints n'attendent pas une douloureuse et décevante expérience pour reconnaître le néant de tout ce qui est de la terre. Ces grands hommes voient les choses telles que Dieu les a faites et les veut. Le monde a beau dire, beau s'agiter, il ne change rien à l'inflexible réalité. Dieu a voulu le salut, la lumière et la gloire par la croix. Le secret de la grandeur des saints et du Bienheureux Thomas en particulier a toujours été et sera toujours la sublime folie de la Croix : « cette sage et triomphante folie du christianisme qui dompte tout ce qui s'oppose à la science de Dieu, qui rend humble ou qui renverse la raison humaine, et toujours en remporte une glorieuse victoire [1] ».

Les austérités de Thomas sont en général, il faut le reconnaître, plutôt à admirer qu'à imiter : mais il y a loin d'une discrète réserve de conduite à une timide ou lâche complaisance pour des préjugés en opposition formelle avec les paroles et les actes de Jésus-Christ. Saluons donc avec ces milliers de pèlerins qui se succèdent à Biville, depuis bientôt sept siècles, ces saints si inconnus du monde dont ils sont les éternels maîtres, car, selon la belle expression de sainte Thérèse, « mépriser le monde, c'est en être le maître ».

Tous les actes du pénitent de Biville étaient

---

[1] Bossuet, *Panégyrique de saint François d'Assise.*

vivifiés par une rare piété. A toutes les heures
du jour, il franchissait la distance, — deux
cents mètres environ, — qui séparait la de-
meure hospitalière de son frère de l'église paroissiale. Une clef lui en avait été remise par le
curé. Non content d'assister tous les jours à la
messe et à tous les offices, et de faire de longues
visites à l'église, il y passait encore les plus
grandes parties de ses nuits. Un court repos
sur sa dure couche interrompait seul sa veille
vers le milieu de la nuit. Quelles ferventes prières, quels doux épanchements, quelles profon-
des oraisons dans le silence du temple où Thomas « seul devant Dieu, se sentait moins seul
que dans la compagnie des hommes[1] ! » Avec
quelle componction il pleurait ce qu'il appelait
ses péchés, les expiant par ses larmes, ses gémissements et les pénitences corporelles les plus
sévères et les plus répétées ! Mieux encore que
devant le cercueil de l'angélique Marie-Thérèse,
Bossuet eût pu s'écrier en parlant de Thomas :
« Ange saint qui présidiez à son oraison et qui
portiez cet encens au-dessus des nues, pour le
faire brûler sur l'autel que saint Jean a vu dans

[1] Clément.

le ciel, racontez-nous les ardeurs de ce cœur blessé de l'amour divin ».

Thomas avait toujours puisé ces ardeurs en Dieu, leur source unique, par l'intermédiaire tout-puissant de celle que l'Écriture appelle « la mère de la belle dilection ». En effet, après, ou plutôt avec la dévotion à la présence réelle de Jésus-Christ, la dévotion envers la Sainte Vierge lui était particulièrement chère. Dès sa première enfance, il s'était placé sous la protection de Marie et il l'invoquait à tout instant. Il se préparait à la célébration de ses fêtes par le jeûne, la retraite et la réception des sacrements. Il ne manquait pas de fléchir le genou chaque fois qu'il prononçait les mots « *Ave Maria* » en récitant la Salutation angélique.

Tel fut Thomas pénitent à Biville. Pendant plus de vingt ans, il donna, au milieu des siens, l'exemple de toutes les vertus que pratiquait, à l'ombre des cloîtres, la jeune et déjà nombreuse milice de saint François. Le moment était venu où Dieu allait demander à cette âme si longuement éprouvée et si bien préparée pour sa mission extraordinaire, de lui sacrifier jusqu'au genre d'immolation qu'elle avait elle-même choisi.

CHAPITRE IV.

Comment le Bienheureux Thomas Hélye paraît devant son évêque, visite plusieurs sanctuaires et fait son cours de théologie.

———

A retraite et la vie extraordinaire de Thomas ne pouvaient demeurer inaperçues. Les souvenirs de ses anciens élèves de la Hague et de Cherbourg, l'admiration de ceux qui vivaient près de lui, lui créèrent bientôt une *grande* notoriété. Hugues de Morville, évêque de Coutances, considéra comme un devoir de sa charge pastorale d'examiner lui-même ce que pouvait être cet homme qui semblait faire revivre, à Biville, les vertus du Carmel et de la Thébaïde.

Mandé à Coutances, Thomas parut devant l'évêque, tel qu'on le voyait à Biville. Hugues comprit les trésors cachés dans l'âme de son humble diocésain, malgré les dehors austères et presque repoussants sous lesquels cette âme lui apparaissait pour la première fois. L'évêque engagea le pénitent de la Hague à se disposer à recevoir les saints ordres, et l'invita, au nom de la charité et par égard pour le prochain, à tailler ses cheveux et sa barbe et à se vêtir de la façon commune. L'esprit d'obéissance de Thomas triompha des craintes et des hésitations de son extrême humilité. Il se mit en devoir de répondre aux intentions de son évêque. Sa seule préoccupation fut de se rendre digne du sacerdoce auquel il était destiné. Dans ce but, il conçut un généreux dessein. Celui qui ne s'était éloigné des landes et des rochers de Biville que pour se rendre à Coutances, et dont les voyages antérieurs les plus lointains n'avaient pas dépassé la ville voisine, résolut d'aller prier sur les tombeaux des Apôtres à Rome et à Compostelle, et de revenir suivre les cours de l'Université de Paris.

Nous ne saurions donner ici un tableau fidèle de cet enthousiasme qui, aux xiie et xiiie siècles, remuait les peuples chrétiens, poussait les barons et les rois vers les Lieux-Saints, tandis que de nombreux fidèles, le bâton de pèlerin à la main, sillonnaient en tous sens la France,

l'Italie, l'Espagne, allant de sanctuaires en sanctuaires. Vivre d'une foi puisée aux sources les
plus pures, dompter l'orgueil par les humilia-
tions de la mendicité, voilà ce que voulaient ces
chevaliers du Christ qui allaient de ville en
ville, demandant à la charité chrétienne le pain
de chaque jour, ne prenant de repos qu'ils n'eus-
sent atteint le terme de leur voyage. Sans doute,
la sollicitude de l'Église avait été prévoyante,
et une sage organisation permettait aux pèlerins
de trouver un gîte pour la nuit, un refuge et
des secours en cas de maladie ou d'accident.
Mais la fatigue, les dangers de la route, un
long exil du foyer domestique, sans compter les
mortifications que s'imposaient la plupart des
pieux voyageurs, suffisaient à faire de ces pé-
régrinations une œuvre bien méritoire.

Thomas fut certainement un des pèlerins les
plus courageux, les plus mortifiés et les plus
saintement enthousiastes. Il arriva dans la Ville
éternelle vers 1230, au début du Pontificat si
animé de Grégoire IX, neveu d'Innocent III et
héritier de son dévouement à l'Église. Notre
cher pèlerin eut-il la satisfaction de recevoir la
bénédiction personnelle du Souverain Pontife?
Son historien ne nous le dit pas; mais il est dif-

ficile d'en douter quand on connaît la foi ardente qui avait inspiré le voyage de Thomas, et les conditions dans lesquelles il l'accomplissait, avec l'approbation et sous le patronage de son évêque.

Après avoir visité le tombeau des saints Apôtres Pierre et Paul, Thomas se dirigea vers Compostelle. On sait que le corps de saint Jacques le Majeur, découvert au ${}$IXe siècle, avait été solennellement transporté dans la cathédrale de cette ville et y était devenu l'objet d'une vénération toujours croissante. Encourageant la dévotion de son peuple par une célèbre institution, Ferdinand II avait créé et placé sous le patronage du glorieux martyr un des ordres de chevalerie les plus estimés de tout le monde chrétien.

Le pèlerinage national de l'Espagne était dans toute sa renommée, et la célèbre ville de la Galice voyait affluer dans son sein les fidèles de toute la chrétienté lorsque Thomas y vint demander à Dieu, par l'intercession du premier apôtre martyr, une soif de plus en plus grande pour le salut des âmes. A Compostelle ainsi qu'à Rome, le pénitent de Biville voulut faire ignorer ses éclatants mérites et les grâces dont le ciel le comblait. Mais, plus la vertu se cache, plus elle brille aux yeux des hommes, et nous devons supposer que la sainteté du pèlerin Normand ne put rester longtemps inconnue de ses compagnons.

Fort des bénédictions des saints Apôtres, Thomas vint s'asseoir sur les bancs de l'école de théologie de l'Université de Paris. Les Facultés venaient de reprendre leurs cours. L'intervention conciliante du Pape avait terminé le conflit, un moment gros d'orages, devant lequel Blanche de Castille n'avait pas reculé. Plus de trente mille étudiants recevaient les leçons de maîtres renommés dans toute l'Europe. Ces hommes éminents faisaient de Paris « un véritable rendez-vous scientifique[1] ». Dans ce milieu savant et essentiellememt religieux, Thomas étudia la philosophie et la théologie avec toute l'énergie dont sa généreuse nature était susceptible. Il fut bientôt distingué par ses condisciples et ses maîtres. Parmi eux, nous citerons le savant dominicain, Hugues de Saint-Cher, qui fut le confesseur et resta toujours l'ami de Thomas, et le chancelier de l'Université, Eudes de Châteauroux. Ces doctes et saints personnages furent

---

[1] Villemain.

dans la suite promus au cardinalat. Ils ont rendu
tous les deux le témoignage le plus formel au
mérite, au travail et à la vertu de leur disciple.

Celui-ci n'emprunta jamais à l'Université,
faut-il le dire, que les leçons de ses professeurs
et les exemples de ses écoliers les plus édifiants.
Il avait toujours présent à l'esprit la sainteté et
la responsabilité de l'avenir auquel il se préparait, et se gardait de sacrifier dans une mesure
quelconque à la dissipation, à la curiosité ou à
la vaine gloire. Il n'étudiait pas pour la satisfaction de ses goûts et de ses intérêts, mais
rapportait toutes ses études à la gloire de Dieu
et à la sanctification de son âme, l'œuvre maî-
tresse et dominante de sa vie. Au milieu d'une
jeunesse bruyante et souvent agitée, il conserva
ses habitudes de ferveur et de mortification, et,
bien que sa conduite fût la censure de la dissipation de ses condisciples, les rares qualités de
son esprit et de son cœur le firent toujours aimer et respecter. Les élèves de l'Université, il
est vrai, ne se montraient pas hostiles à la sainteté, surtout lorsqu'elle était la compagne du
génie, et l'heure était sonnée où allait sortir de
leurs rangs un autre saint du nom de Thomas,

plus illustre encore, qui devait personnifier en lui tout son siècle.

Thomas demeura ainsi quatre ans à Paris, et revint à Coutances recevoir la prêtrise des mains de l'évêque, qui lui avait révélé sa vocation.

CHAPITRE V.

Comment le Bienheureux Thomas Hélye remplit les
sublimes fonctions du ministère sacerdotal.

———

UGUES DE MORVILLE, qui a occupé le
trône épiscopal de Coutances de 1208
à 1238, a laissé dans les fastes du diocèse un impérissable souvenir, et peut-
être est-il, après Geoffroy de Montbray, qui vi-
vait au xie siècle, le plus glorieux successeur de
saint Lô [1]. La restauration des hôtels-Dieu de
Vire et de Cherbourg, la fondation des hospices
de la Roquelle à Coutances et de Sainte-Cathe-
rine à Saint-Lô, sont une preuve de son amour
pour les pauvres. Ce prélat se distingua plus encore par son zèle pour l'intégrité de la foi et la

[1] M. Lecanu, *Histoire des évêques de Coutances et d'A-
vranches.*

conservation de la discipline. On le voit assister au concile de Rouen pour la croisade, à celui de Paris contre les Albigeois; il faut même faire remonter aux premières années de son épiscopat l'établissement à Coutances d'un couvent de Frères-Prêcheurs conduits, selon la tradition, par saint Dominique lui-même.

Les peuples de la Normandie réclamaient alors à grands cris ces envoyés du Ciel qui apportent, dans leur robe de bure, la paix avec la foi et la pénitence. Les guerres du règne de Philippe-Auguste avaient divisé les seignenrs du pays, armant les uns pour la France contre l'Angleterre, poussant les autres contre leur patrie; les troubles de la régence augmentèrent encore les dissensions et laissèrent dans les populations les traces d'une profonde souffrance. De plus, il faut le reconnaître avec l'illustre Montalembert : « Une grande corruption de mœurs s'était à la longue introduite dans cette société; la ferveur et la piété s'étaient ralenties. Il fallait à la chrétienté malade quelque remède nouveau et souverain; il fallait à sa tête, à l'Église de Rome, des bras nouveaux et plus puissants. Dieu, qui n'a jamais manqué à son épouse, qui a juré de ne lui manquer jamais, lui envoya le secours désiré et nécessaire » ; il lui envoya saint Dominique et saint François, « à la vue de ces deux hommes, le siècle comprit qu'il était sauvé [1] ». Pour la Normandie, le secours du ciel fut Thomas Hélye. L'histoire respectant la profonde humilité de l'apôtre de la Hague ne nous a presque rien transmis sur l'influence de cet homme de Dieu. Mais nous pouvons affirmer avec certitude que l'œuvre du prêtre de Biville fut, dans notre pays, aussi difficile, aussi étendue et salutaire que l'œuvre des ordres nouveaux dans le vaste champ de l'Église. Préserver la foi des atteintes de l'hérésie, prêcher la pénitence et l'amour de la concorde, telle fut la mission que Hugues de Morville confia à son nouveau missionnaire. Il fallait toute l'obéissance d'un saint, toute la charité d'un apôtre pour entreprendre seul, dans deux diocèses, une aussi lourde tâche.

Thomas Hélye donna les prémices de son ministère à sa paroisse natale et aux villages voisins. Aux premiers appels de cette parole sacerdotale, les populations de nos campagnes s'émurent. L'aspect recueilli et mortifié du Bien-

---

[1] *Histoire de sainte Élisabeth.* Introduction.

heureux, son sourire plein d'une grave douceur, son regard levé vers le ciel où il voulait conduire les âmes étaient une prédication de la plus puissante éloquence. Le don des miracles vint bientôt ajouter à ses paroles une divine autorité. Biville fut sans doute le théâtre de la première merveille opérée par le saint. Dans cette paroisse se trouvait une femme, nommée Jeanne Sévignon, menacée de perdre la vue : l'œil gauche était déjà frappé d'une cécité complète. Le jour de Noël, après avoir entendu la seconde messe célébrée par Thomas, poussée par un mouvement irrésistible, elle se jette aux pieds du saint prêtre implorant sa guérison. Thomas trace sur son œil le signe de la croix et elle recouvre aussitôt la vue.

A Biville encore, son seul attouchement donne au bras de Mabile, sa parente, le mouvement dont il était privé.

A Morsalines, l'apostolat de Thomas fut marqué par un nouveau miracle. Une enfant de trois ans, Aceline Lefèvre, avait depuis sa naissance le visage tellement enflammé et tuméfié qu'elle avait perdu l'ouïe et la vue. Une pieuse femme du nom de Denise, qui suivait assidûment les prédications de Thomas, prend l'enfant et se rend à l'église. Après la messe à laquelle elle avait assisté, elle obtient que le saint missionnaire touche le visage de l'enfant des mains qui viennent de tenir le corps de Jésus-Christ. Une guérison instantanée récompense la foi de Denise.

On comprend facilement l'enthousiasme des fidèles à l'approche du Bienheureux. Les bons paysans quittaient leurs travaux pour courir au-devant de lui et l'acclamer des cris de : *Voilà le saint! Voilà l'homme de Dieu!* Les foules se pressaient dans les cimetières, car les églises étaient trop petites pour les contenir. Un jour, nous dit le premier historien de Thomas, une grande affluence de peuple s'était réunie dans le cimetière de Moon pour entendre le saint missionnaire. Un orage menace de disperser l'auditoire, la pluie commençait à tomber. Thomas ordonne aux nuages de se dissiper; ceux-ci obéissent à sa voix et le ciel reste serein jusqu'à la fin de la cérémonie.

Après le sermon Thomas demeurait de longues heures à entendre les pécheurs que la grâce avait touchés, puis il reprenait son bâton de voyageur et, pieds nus, continuait sa route pour évangéliser d'autres lieux. Une foule de fidèles l'accompagnait de paroisse en paroisse, s'attachant à ses pas pendant des semaines entières : ainsi le séraphique mendiant d'Assise parcourait l'Ombrie s'entretenant avec ses frères des douceurs de l'amour divin. Parfois Thomas se retirait à l'écart pour se recueillir en la présence de Dieu. Lorsqu'il reparaissait on pouvait voir sur lui les traces sanglantes de quelque nouvelle mortification : le saint venait d'expier sur sa chair innocente les fautes des pécheurs qu'il convertissait chaque jour. Il prêchait à tout venant, s'arrêtant dans les villages et de préférence dans les écoles. Comment aurait-il pu oublier ses chers enfants? Les monastères goûtèrent aussi les fruits de son apostolat; la sanctification du clergé fut toujours l'objet de ses soins assidus.

Devant tous les auditoires, qu'ils fussent présidés par les évêques réunis de Coutances et d'Avranches, qu'ils fussent composés de savants religieux ou de cultivateurs, la parole de Thomas était simple et saisissante. Si on lui eût demandé dans quels livres il avait appris l'éloquence, comme Dominique, il eût pu répondre : « Mon fils, c'est dans le livre de la charité plus qu'en tout autre, car celui-là enseigne tout [1] ».

---

[1] Lacordaire, *Vie de saint Dominique.*

Il prêchait les grandes vérités de la religion ;
il savait inspirer aux cœurs les plus endurcis la
crainte salutaire des jugements de Dieu. Un terrible exemple vint un jour confirmer l'autorité
de ses enseignements. C'était pendant la semaine
sainte de l'année 1255, à Saint-Georges, près
Saint-Lô. Le saint prêchait devant une affluence
de peuple que l'église n'eût pu contenir. Un
nommé Firmin, du Mesnil-Eury, hersait un champ
du voisinage. Thomas dit en montrant le laboureur : « Cet homme ne veut pas venir au sermon ; il va et vient plus soucieux de son blé que
de son âme, il ne jouira pas du fruit de ses travaux ». Firmin ayant quitté son ouvrage, assista
à la dernière partie du sermon et se présenta
pour recevoir l'indulgence accordée aux audi-
teurs. Thomas la lui refusa en renouvelant sa
prédiction. Elle se réalisa ; mais la menace avait
porté ses fruits de salut. Touché de repentir,
Firmin entreprit, dès le lendemain de Pâques,
le pèlerinage de Saint-Jacques ; mais il mourut
subitement au début de son pieux voyage.

Ainsi Thomas parcourut, pendant 22 ans, les
diocèses de Coutances et d'Avranches. L'évêque de Bayeux lui-même l'appela plus d'une
fois à évangéliser son troupeau. Partout ses suc-

cès furent les mêmes; les pécheurs firent de dignes fruits de pénitence.

Il nous faudrait maintenant pénétrer dans la vie intime du saint apôtre et contempler ses ver; tus admirables. Que dire de sa charité pour les pauvres? Il la poussait jusqu'à l'audace et dans les repas que ses hôtes lui donnaient, il retranchait tout ce qui lui semblait superflu, pour soulager la misère des membres souffrants du Christ. Rencontrait-il un malheureux sur sa route, il se dépouillait de tout ce qu'il possédait et s'il ne pouvait faire l'aumône, il donnait quelque chose d'un prix inestimable, la paix du ciel et la résignation. C'est à cette charité que le saint dut d'opérer les miracles que nous avons rapportés plus haut, et nombre d'autres, qui sont restés dans l'oubli.

Thomas puisait cet ardent amour pour son prochain à la seule source véritable, l'amour de Dieu. Il donnait le jour aux hommes, à la prédication, à tous les exercices du ministère sacerdotal, et, lorsque le soleil en se retirant invitait les hommes au repos, lui, quittant aussi le monde, cherchait en Dieu la réparation dont avaient besoin son âme et son corps. Il récitait avec son clerc l'office divin; son recueillement était tel pendant ses prières que rien ne pouvait le distraire. Un jour, raconte son premier historien, c'était dans l'église de Landelle, le Bienheureux s'acquittait à une heure fort avancée de ce pieux devoir. Un terrible ouragan s'abattit sur le pays; le vent soufflait avec une violence inouïe. Une rafale des plus violentes menaça de renverser les murs de l'édifice; son compagnon était muet de terreur; le saint continua de psalmodier sans donner aucune marque d'étonnement.

La nuit venue, Thomas congédiait son clerc, et, seul dans l'ombre et le silence, épanchait son cœur devant Dieu. La vue de ses fautes les plus légères lui arrachait des larmes. Mainte fois des voyageurs attardés, passant près du cimetière, entendirent ses gémissements. Les heures s'écoulaient ainsi dans de ferventes oraisons : à peine le Bienheureux prenait-il quelques instants de repos; il s'étendait alors sur le pavé du temple recouvert d'un peu de paille ou de son manteau. Et quand le lendemain, aux premières lueurs de l'aurore, le clerc revenait près de son maître, il le trouvait à genoux prosterné au pied de l'autel.

Voilà comment Thomas se disposait à l'exercice de la prédication et appelait sur son ministère les bénédictions du ciel.

CHAPITRE VI.

Comment le Bienheureux Thomas Hélye couronne sa carrière sacerdotale, s'endort dans le Seigneur et reçoit les honneurs funèbres.

———

ENDANT les deux dernières années de sa vie, les infirmités et les maladies vinrent plus d'une fois paralyser le zèle de Thomas et le condamner au repos. Le saint missionnaire accepta cette suprême épreuve avec une douce et forte résignation, et, quand la douleur lui laissait quelque répit, il s'empressait de reprendre ses travaux apostoliques.

C'est à cette époque que doit se placer le ministère prolongé et spécial qu'il remplit à Saint-Maurice, paroisse du doyenné actuel de Barneville. Parmi les six cents paroisses au moins où Thomas a exercé le saint ministère, Saint-Maurice seul peut revendiquer la gloire de l'avoir eu pour *pasteur*. Ce fait est établi par une tradition très ancienne dont l'existence est certaine à partir de 1260. A cette date, le pèlerinage trisannuel de Saint-Maurice à Biville était définitivement fondé.

Saint Louis fit, en 1256, un voyage de plusieurs mois dans la Basse Normandie et séjourna à Cherbourg. Il est impossible que pendant un séjour prolongé dans un pays rempli de l'immense notoriété de l'apôtre de Biville, le saint roi n'ait pas entendu parler de ses vertus et de ses miracles. Le bienheureux, en effet, comptait parmi ses amis le baron de Briquebec et le sire de Vauville que leurs situations mirent nécessairement en rapport avec le roi et son entourage. Saint Louis recherchait toujours avec empressement la société des saints personnages de son temps : saint Bonaventure et saint Thomas d'Aquin furent admis dans son intimité. Comment un tel prince eût-il quitté Cherbourg sans voir un saint qu'il avait si près de lui? La rencontre du roi et de l'apôtre fut certainement marquée par des actes de bienfaisance et de religion. Telle est sans doute, l'origine de la tradition qui donne au bienheureux le titre d'aumônier de saint Louis. La même tradition nous

représente le monarque communiant de la main
du saint prêtre, et celui-ci recevant de la muni-
ficence royale le calice et la chasuble que pos-
sède encore aujourd'hui l'église de Biville. Ces
précieux objets ont bien d'ailleurs dans leur en-
semble le caractère du XIIIe siècle.

Tels sont les faits extérieurs qui se rapportent à cette dernière et douloureuse période de
la vie de Thomas.

Clément nous donne les détails les plus édifiants sur la piété et la résignation du saint malade. Lorsque ses infirmités l'empêchaient de
se rendre à l'église, il recommandait de sonner
la cloche pendant l'élévation et la communion,
afin de s'unir avec plus de ferveur à l'immolation de la Victime sainte. On lui apportait chaque jour la sainte communion. Revêtu des ornements de diacre, le prêtre qui venait de célébrer
la messe s'avançait précédé de clercs tenant des
cierges allumés et chantant ces paroles de l'in-
vitatoire de l'Avent : « Voici le roi qui vient,
allons à sa rencontre » ; ou bien celles-ci : « Béni
soit le fils de Marie ». L'humble Thomas, placé
devant son lit, en face d'une sorte de stalle cou-
verte d'un parement d'autel, attendait l'arrivée
de son Dieu, et le recevant entre ses mains, il

conversait longtemps intérieurement avec lui
comme s'il l'eût vu de ses propres yeux, puis il
prenait lui-même la sainte communion. Il re-
merciait *ensuite* ceux qui la lui avaient appor-
tée et les congédiait. Dans sa dernière maladie,
les choses se passèrent avec beaucoup plus
d'appareil encore ; un grand nombre de prêtres
et de clercs se réunirent pour accompagner en
chantant la sainte Eucharistie.

Par suite de circonstances qui nous sont in-
connues, Gauvain, sire de Vauville, eut la consolation d'offrir l'hospitalité à son vénérable
ami, pendant sa dernière maladie. Cette famille
comprenant que le bienheureux allait être ravi
à son affection, redoubla de soins et lui procura
tous les soulagements qu'il voulut accepter.
Malgré sa résignation à la volonté de Dieu, Thomas aimait mieux souffrir qu'accorder quelque
adoucissement à son corps, et l'on sait que
Gauvain se félicita comme d'un véritable triom-
phe, d'avoir fait manger un peu de perdrix à son
hôte absolument épuisé.

Dès que la mort lui parut approcher, Thomas
sollicita les prières de ses confrères du diocèse
de Coutances. Il écrivit ensuite à sa vertueuse
fille spirituelle, Alix, baronne de Bricquebec,

une lettre dans laquelle il lui disait : « Je vais à la cour du Paradis où je serai autant que je le pourrai votre chargé d'affaires ». Le mourant donnait ainsi l'exemple de la plus ferme espérance chrétienne.

Pendant les derniers jours de sa vie, il se faisait lire les Évangiles sur l'Incarnation et la Passion; il écoutait dévotement les lectures, tantôt poussant des soupirs, tantôt se réjouissant et élevant les yeux vers le ciel.

Thomas fut assisté au lit de mort par son ancien clerc, Guillaume, chapelain de Bricquebec. Voyant venir le *moment suprême*, il demanda au prêtre qui priait à genoux de réciter à haute voix le verset de Complies : « *In manus*..... Je remets, Seigneur, mon âme entre vos mains ». Guillaume avait à peine fini la touchante invocation du Psalmiste divinement répétée sur le Calvaire, que Dieu recevait en effet dans sa miséricorde et dans sa gloire l'âme de son bon et fidèle serviteur.

Il était trois heures de l'après midi du vendredi 19 octobre 1257. Thomas venait d'expirer à l'âge de 70 ans.

Le visage et le corps du défunt ne connurent aucune des horreurs de la mort. Ses mains et

ses membres conservèrent la souplesse de la
vie. Sa chair, *noble débris d'un combat sans
trève*, portait les cicatrices d'un long martyre,
et semblait revenir à la tendre et virginale fraî-
cheur de l'enfance. Un délicieux parfum remplit la chambre mortuaire et dura tout un mois.
« *Les poils de la barbe*, rasée avant les funérailles, selon l'usage du temps, furent soigneu-
sement conservés. L'eau qui avait servi dans la
même circonstance à laver le visage du bienheureux fut aussi recueillie par le sire de Vauville ». Celui-ci affirma sous la foi du serment,
« *trois ans et trois mois après* », que cette eau
conservée par lui comme une relique était très
pure, très claire et aussi fraîche que si elle venait d'être puisée à la fontaine.

La dépouille mortelle de Thomas exposée au
château de Vauville fut l'objet d'unanimes dé-
monstrations de vénération et de confiance. Les
uns se plaçaient sous le cercueil, les autres bai-
saient les mains, d'autres, sans distinction
d'âge et de sexe, faisaient toucher au corps
leurs gants, leurs ceintures, leurs colliers et
leurs bagues, et ces objets devenaient pour
leurs possesseurs de véritables reliques.

Du château de Vauville, le corps du bien-

heureux fut transporté, à découvert, à l'église
de Biville, au milieu d'une affluence considé-
rable de prêtres, de clercs et de laïques. Le
cortège suivit le chemin escarpé connu aujour-
d'hui sous le nom de *Charrière du bienheureux
Thomas*. La longueur de ce parcours est d'une
lieue environ. Gauvain marchait des premiers
derrière le cercueil. Son amitié toujours fidèle
ne tarda pas à être récompensée et obtint, en
effet, pendant les funérailles, le premier miracle
qui suivit la mort du Bienheureux. *Emma*,
femme d'Alexandre de Vauville, avait une main
desséchée. Gauvain prit cette main et la plaça
dans celle du défunt. La guérison s'en suivit
immédiatement. La déposition assermentée
d'*Emma* a confirmé sur ce point le témoignage
du sire de Vauville.

A la suite d'une messe solennelle dans l'é-
glise de Biville, le corps du Bienheureux fut
inhumé dans le tombeau où il allait devenir
l'objet de la plus grande vénération et l'instru-
ment de nombreux miracles.

CHAPITRE VII.

Comment le Bienheureux Thomas Hélye opère
de nombreux miracles après sa mort.

———

UINZE mois s'étaient à peine écoulés
depuis la mort de Thomas, que l'évêque de Coutances, Jean d'Essey, faisait
des démarches en vue de sa canonisation et envoyait à la Cour de Rome un prêtre de
la cathédrale. Au retour de son délégué et con-
formément au mandat d'Urbain IV, l'évêque fit
procéder en 1261 à une première enquête sur la
vie, les vertus et les miracles de Thomas. Une
information supplémentaire, ouverte quelques
années plus tard, fut malheureusement interrompue par la mort du prélat. Cette entreprise
avait reçu les encouragements des cardinaux
Hugues de Saint-Cher et Eudes de Châteauroux
qui s'intéressaient au plus haut point à la canonisation de leur ancien disciple.

Cette première enquête établit cinquante et un miracles. Nous en rapporterons ici quelques uns. Un enfant de quatre ans, Raoul Hébert, tomba dans le canal d'un moulin à Saint-Germain-le-Gaillard. On ne parvint à le retirer que longtemps après, de sorte que personne ne pouvait douter de sa mort. A la vue du corps inanimé de son enfant, la pauvre mère s'écrie en pleurant : « Mes amis, mes voisins, à genoux ! Priez avec moi le Bienheureux Thomas qu'il me rende mon fils ». Touchée de compassion, la foule s'empresse d'acquiescer à cette demande. Cependant on songeait à ensevelir le cadavre ; les préparatifs étaient déjà terminés. Mais la prière maternelle avait été entendue ; tout à coup l'enfant pousse un soupir, ouvre les yeux et revient à la vie.

Dans la même paroisse, un jeune homme, broyé sous la roue d'un moulin, ressuscite à la suite des ferventes supplications que ses parents et ses amis adressent au Bienheureux.

A Notre-Dame-des-Moitiers, le corps d'une jeune fille reste longtemps dans un fossé plein d'eau et on l'en retire tout couvert de sangsues. Elle est rendue à ses parents après un vœu que ceux-ci ont fait à notre saint.

Robert Cousin de Lithaire, clerc étudiant, était atteint de surdité et regardé comme démoniaque. Il vint à Biville solliciter sa guérison, se prosterna sur le tombeau du Bienheureux et y resta, depuis 9 heures du matin jusqu'aux vêpres, dans une léthargie telle qu'on le crut mort. Les prêtres du lieu commencèrent les prières de la sépulture; mais au moment où l'officiant terminait le chant d'une oraison par ces paroles : *Per omnia sæcula sæculorum*, on entendit le défunt répondre *Amen*. A la stupéfaction générale des assistants, Robert se leva tout à coup et raconta que pendant cette léthargie il avait souffert de violents maux de tête, à la suite desquels il s'était trouvé complètement guéri.

Les autres miracles constatés dans cette même enquête ne sont pas moins étonnants. Plusieurs antérieurs au décès du Bienheureux, ou opérés au moment de sa mort, ont été rapportés plus haut avec les événements auxquels ils se lient. Le récit détaillé des autres tel que le donne Clément serait trop long; nous en donnerons seulement un tableau sommaire dans l'appendice de cet opuscule[1].

---

[1] Voir le *Guide des Pèlerins*, V, page 89 et s.

La procédure ne fut reprise qu'en 1628. Ouverte par Jean de Grimouville, vicaire-capitulaire du diocèse de Coutances, assisté de Nicolas Lefebvre, doyen de Saire et curé de Colomby, elle offre aussi les plus sérieuses garanties. Les témoins dans leurs déclarations rapportent huit guérisons d'aveugles, de sourds, de muets, de perclus, de malades désespérés.

En 1699, de Loménie de Brienne, évêque de Coutances, ouvrit lui-même une troisième enquête dans la chapelle du palais épiscopal de Valognes. Les documents ne nous sont pas parvenus intégralement. Les trois dépositions de témoins, dépositions qui existent encore aux archives de l'évêché, ont conservé le souvenir d'une dizaine de miracles. Elles nous font également connaître la faveur spéciale dont Biville fut l'objet, lors d'une peste en 1630 et 1631. Le fléau exerça d'affreux ravages dans tout le pays et dans les paroisses voisines sans jamais franchir les limites de Biville, bien que les pestiférés vinssent y chercher leur guérison, et des populations entières un refuge contre la contagion. Voici, sur ce fait, ce qu'on lit textuellement dans le procès-verbal de la déposition du témoin Pierre du Gardin, écuyer, seigneur des Monts

et de Biville, âgé de 80 ans, lors de l'enquête
de 1699.

« Et ce souvient, et a une très certaine con-
« noissance par sa propre vue et expérience,
« d'une très grande merveille qui arriva dans
« ce temps-là : sçavoir que, quoiqu'il n'y ait
« pour lors, suivant le bruit public, aucune pa-
« roisse dans tout le pays qui ne fust affligée du
« fléau de la peste, qui étoit pour lors générale
« partout, cependant la seule paroisse de Biville
« et tous les lieux renfermés dans ses limites en
« furent seuls entièrement préservés par la pro-
« tection toute visible dudit Bienheureux Tho-
« mas ; le bruit de laquelle merveille obligea
« une infinité de peuples, pour éviter ou se dé-
« livrer de la contagion, d'abandonner leurs pa-
« roisses et d'aller se réfugier comme dans un
« asile et un port de salut assuré en la paroisse
« de Biville, pour être guéris ou préservés de
« la contagion ; et que lesdits peuples, à l'imi-
« tation des soldats, firent quantités de petites
« baraques de branche et de jonc, pour y de-
« meurer, pendant que duroit le fléau, dans les
« landes et communes, sables et mieilles du bord
« de la mer, et autres lieux de ladite paroisse,
« quoique déserts et éloignés de ladite église

« de Biville de demy lieue, en sorte que lesdits
« peuples s'estimoient et en effet se trouvoient
« en repos et en sûreté, pourvu qu'ils fussent
« arrivés dans le ressort et sur le premier pas
« des limites de ladite paroisse, de sorte que
« lesdites communes, landes, déserts, mielles
« et sables du bord de la mer, dépendant du
« ressort desdites limites de ladite paroisse pa-
« roissoient pour lors comme de petits camps
« d'armée par le grand nombre desdites bara-
« ques et par l'affluence des peuples qui s'y ré-
« fugièrent et qui y sauvèrent leur vie par le
« secours miraculeux dudit Bienheureux; et re-
« marqua aussy que sa protection fut aussy
« toute visible en ce que les prêtres de ladite
« église s'y confioient tellement qu'ils recevoient
« tous les jours sans crainte les oblations, ré-
« tributions des messes et prières des mains de
« quantité de personnes visiblement pestiférées,
« sans qu'aucun fust infecté par leur conta-
« gion ».

CHAPITRE VIII.

Comment les pieux fidèles honorent le Bienheureux
Thomas Hélye et visitent son tombeau.

———

L est un point que toutes les enquêtes mettent en évidence; c'est la sainteté de Thomas Hélye et la vénération que méritaient ses admirables vertus. Les peuples n'avaient pas attendu pour le reconnaître, que l'initiative fût donnée par leurs pasteurs. Du vivant de Thomas, les foules se pressaient sur son passage et l'acclamaient du titre de *saint*. La tombe à peine refermée de l'homme apostolique devient le rendez-vous des pèlerins de tout le pays. Jean d'Essey, dont l'épiscopat avait été illustré par les prédications du saint missionnaire, loin de réprimer ce mouvement, l'approuve et l'encourage. Dès lors, de tous les points de la Normandie et même de la France accourent de nombreux *fidèles*.

Voici en quels termes l'historien Hélye rend compte de cette affluence. « Des évêques et d'autres prélats, des gouverneurs de provinces, des maréchaux de France, des lieutenants du roi, des seigneurs, des dames de qualité éminente et une infinité de personnes de toute condition, attirés par l'odeur d'une vie remplie de vertus et de miracles, que le Bienheureux continue tous les jours, sont venus rendre leurs vœux à Dieu auprès de son tombeau ».

A la tête de ces pèlerins est l'archevêque Eudes Rigaud, « une des gloires de l'Église de Rouen, et une des lumières du siècle de saint Louis[1] ».

C'est dans la visite qu'il fit du diocèse, en 1266, qu'il accomplit ce pieux devoir. « Nous « nous rendîmes, dit-il, au tombeau du *Bien-* « *heureux* Thomas de Biville, par les mérites « duquel le tout-puissant seigneur Jésus-Christ « opérait nombre de miracles divers et écla- « tants[2] ».

Dès cette époque, le 19 octobre, anniversaire de la mort de notre Bienheureux, était solennisé avec autant de pompe que les quatre fêtes prin-

[1] Léopold Delisle.
[2] *Journal des visites d'Eudes Rigaud.*

cipales de l'année; et l'on raconte qu'un habitant de Biville fut frappé de mort subite pour avoir travaillé ce jour-là, par mépris de la dévotion de ses compatriotes.

Le XVIᵉ siècle aurait dû arrêter l'essor religieux qui poussait les fidèles à Biville; il n'en fut rien; au milieu des terribles calamités que la Réforme déchaîna sur toute la France, le culte de l'apôtre de la Hague continua de fleurir. Les ornements du Bienheureux, son calice, et un grand nombre d'objets destinés au culte furent cachés; mais le tombeau fut respecté : il semble que la haine des calvinistes se soit apaisée devant ce monument si cher cependant aux catholiques.

Le siècle suivant vit s'accroître la dévotion au saint missionnaire; c'est peut-être la plus belle époque de l'histoire de cette dévotion. En 1620, Mᵍʳ Camus, évêque de Belley et ami de saint François de Sales, vint vénérer les restes précieux de Thomas Hélye « et célébrer une messe » d'un confesseur non pontife en l'honneur de » ce Bienheureux[1] ».

Léonor de Matignon ne voulut pas prendre

---

[1] *Archives de l'église de Biville.*

possession du siège épiscopal de Coutances avant d'aller prier au même tombeau. C'est à ce pieux prélat que le diocèse dut de goûter les fruits merveilleux de l'apostolat du Père Eudes. Sa famille, dont l'histoire est intimement liée à celle de la ville de Saint-Lô, et qui se distingua par les glorieuses luttes qu'elle soutint contre les protestants, eut une grande dévotion au Bienheureux Thomas. Plusieurs membres de cette maison accomplirent le pèlerinage de Biville. Citons seulement le successeur de Bossuet sur le siège de Condom, Jacques de Matignon, et François du Carbonnel de Canisy, évêque de Limoges.

Les pestes de 1626, de 1630 et de 1631 déterminèrent « une si grande affluence de proces- « sions, qu'en un seul jour on y en vit vingt- « deux. Elles se succédoient si fréquemment le « jour et la nuit que, presque à toute heure et à « tout moment, on entendoit le son des cloches « et le chant des processions. Les pèlerins qui « y venoient en leur particulier et sans proces- « sion étoient si nombreux, qu'à peine pouvoit- « on aborder de l'église et du cimetière, quoi- « qu'il soit très spacieux[1] ».

[1] *Information canonique de* 1699.

Nous avons raconté au chapitre précédent la miraculeuse protection accordée à ces foules qui vinrent demander au Bienheureux un asile contre le fléau.

Ce mouvement de pèlerinages continua jusqu'à la Révolution. En 1794, les administrateurs républicains de Biville firent de l'église le lieu de leurs séances. Ils enlevèrent la plaque de marbre qui recouvrait le tombeau et la remplacèrent par une sorte de bureau à leur usage. Heureusement deux larges pierres superposées protégeaient encore les restes du Bienheureux. La profanation commise par les autorités locales parut insuffisante au civisme des patriotes de Cherbourg. Ces braves citoyens annoncèrent hautement dans leur club l'intention de violer la sépulture de Thomas, de promener sa tête au bout d'une pique par les rues de la ville, et d'employer les ossements dans la fabrication du salpêtre. Leur fanatisme avait compté sans le zèle intrépide d'un saint prêtre, M. Lemarié, vicaire général de Coutances, et de huit catholiques du pays qui s'appelaient : Fabien Leconte, Jean Leterrier, Jean Vincent, Louis Vincent, — tous les quatre de Virandeville, — Guillaume Bellet, Jacques Jourdan, Anne Vincent et l'abbé Jean.

Ces noms sont gravés sur une plaque commé-
morative placée, en 1863, dans l'église de Virandeville, au doyenné d'Octeville, près Cherbourg.

Dans la nuit du 13 au 14 juillet 1794, ces huit
personnes vinrent, à dix heures un quart du soir,
rejoindre M. Lemarié qui leur avait donné rendez-vous à Biville. Le vaillant prêtre, avec l'au-
torisation de Mgr Talaru, son évêque, alors exilé
pour la foi, portait la sainte hostie sur sa poi-
trine. Tous pénétrèrent dans l'église, enlevèrent, non sans effort, les deux larges pierres
dont nous avons parlé, et se trouvèrent en présence des ossements du Bienheureux parfaite-
ment conservés et rangés presque tous dans leur
ordre naturel. Les précieuses reliques et la pous-
sière qui les entourait, furent recueillies dans
des linges blancs et enfermées dans un cercueil
que M. Lemarié scella de son sceau. Elles furent
transportées à Virandeville et y demeurèrent
pendant tout le temps de la Révolution sous un
de ces autels secrets, nombreux, grâce à Dieu,
dans notre pays, devant lesquels nos pères
avaient, au péril de leur vie, la consolation de
participer aux saints mystères. Malgré le zèle
des magistrats de la République, aucun des au-

teurs de l'héroïque translation des reliques du Bienheureux n'eut à souffrir de son admirable dévouement. Seul, l'intrus de Biville fut arrêté. On lui reprocha d'avoir favorisé la soustraction, au moins par sa négligence, et de s'obstiner à ne pas dénoncer les coupables. Le malheureux en fut quitte pour un emprisonnement d'assez courte durée. La tourmente révolutionnaire passa et les reliques furent rendues à leur tombeau en 1803.

CHAPITRE IX.

Comment le culte du Bienheureux Thomas Hélye refleurit au xix° siècle et particulièrement sous l'épiscopat de Mgr Germain.

———

N mandement de Mgr Rousseau avait autorisé les paroisses de Biville, de Saint-Maurice et de Virandeville à célébrer, le 19 octobre, l'office de la Toussaint, en l'honneur du saint confesseur. Mais pour satisfaire la piété des fidèles, il fallait une consécration solennelle du culte rendu au Bienheureux. Dans le but de l'obtenir, M. Dancel, vicaire général de Mgr Dupont de Poursat, et bientôt après évêque de Bayeux, adressa au cardinal, préfet de la sacrée Congrégation des Rites, une lettre collective signée de trente-six prêtres des arrondissements de Cherbourg et de Valognes. Cette lettre ne pouvait suppléer l'enquête qu'exige l'Église pour la béatification de ses serviteurs ; aussi resta-t-elle sans résultat. Deux ans après sa promotion à l'épiscopat, Mgr Robiou reprit l'instruction de la cause, interrompue depuis plus d'un siècle. Ce n'était pas encore à lui qu'il devait être donné de terminer ce pieux travail ; il quitta le diocèse en 1852, laissant à son successeur le soin de mener l'entreprise à bonne fin. En 1841, usant de ses droits, mais sous la réserve de l'approbation du Souverain Pontife, il avait « décidé qu'il est constant que le Bienheureux Thomas Hélye a toujours été, sans aucune interruption, depuis sa mort jusqu'à présent, *honoré d'un culte solennel et public*. Regardant donc ce culte légitime, Sa Grandeur déclarait qu'on pourrait le continuer, même le ranimer et l'exciter, comme étant rendu à un *Bienheureux*. »

Retiré dans le diocèse de Rennes, il eut le bonheur de voir le couronnement de ses travaux et l'accomplissement de ses vœux.

Mgr Daniel, dont la mémoire restera longtemps célèbre, chargea M. l'abbé Gilbert, son grand vicaire, de compléter le dossier réuni par M. Delamare [1] et par MM. Colin et Guille-

---

[1] Promu à l'évêché de Luçon et plus tard à l'archevêché d'Auch.

bert, puis l'envoya à Rome en qualité de postulateur, le 21 mai 1859. Le 11 juillet, la Sacrée Congrégation des Rites déclarait, d'un vote unanime, qu'il est constant qu'un culte public ecclésiastique a été rendu de temps immémorial, au Bienheureux Thomas Hélye, prêtre de Biville, au diocèse de Coutances. Ce décret fut confirmé par Sa Sainteté Pie IX, le 14 juillet. Deux mois après, un nouveau décret autorisait l'office du Bienheureux Thomas Hélye et l'étendait à tout le diocèse. Les actes pontificaux furent promulgués avec une grande solennité, le 16 octobre 1859, dans la cathédrale de Coutances, en présence de tous les évêques de Normandie, de l'évêque d'Autun et du Père Abbé de la Trappe de Bricquebec. Les mêmes prélats se retrouvèrent à Biville le 19 octobre suivant « pour saluer le décret pontifical qui « consacrait le culte du Bienheureux. Trois « cents prêtres les entouraient; vingt mille pé- « lerins leur faisaient cortège, et Biville, comme « les sanctuaires les plus fréquentés, put en- « tendre pendant un jour et une nuit retentir « les acclamations les plus enthousiastes, un « *Te Deum* qui ne voulait pas finir[1] ».

[1] Mandement de Sa Grandeur Mgr Germain.

Cette mémorable journée a consacré définitivement le pèlerinage de Biville.

En 1862, avant de venir prendre possession de son diocèse, Mgr Bravard étant encore à Sens, y fit porter la chasuble du Bienheureux pour s'en servir dans une circonstance solennelle. Lui-même fit sa première visite à son tombeau, le 4 mai 1867. L'année 1873, qui vit tant de grands pèlerinages en France, a marqué aussi dans les annales de Biville. Un grand nombre de paroisses des arrondissements de Cherbourg et de Valognes y vinrent processionnellement. Depuis lors, la paroisse de Notre-Dame du Vœu de Cherbourg accomplit régulièrement chaque année ce pèlerinage.

Mais le culte du Bienheureux Thomas Hélye vient *de se ranimer encore davantage*, grâce à l'ardente piété et au zèle de notre vénéré Pontife. Au chaleureux appel de la lettre pastorale du 26 septembre 1882, Mgr Germain a ajouté l'autorité de son exemple en venant, le 19 octobre suivant, célébrer à Biville ce précieux anniversaire.

La fête commença dès la veille par le chant des premières Vêpres, et l'office ne fut plus interrompu jusqu'au lendemain. La nuit tout entière se passa à l'église. Le chant des Matines et des Laudes, des cantiques, des prières, des instructions s'y succédèrent continuellement. A minuit, messe solennelle; un très grand nombre de fidèles s'approchèrent des sacrements de Pénitence et d'Eucharistie. Rien ne saurait donner une juste idée de la cérémonie. Cette multitude de pèlerins que l'église pouvait à peine contenir, trompant la fatigue par l'ardeur de leurs chants et de leurs prières, tantôt recueillie sous le souffle de la parole qui descend de la chaire de vérité, tantôt animée par de pieux cantiques, offrait un spectacle émouvant. Il semblait que le Bienheureux fût descendu des cieux pour rassembler les foules au pied des autels. Ainsi la mémoire du juste est-elle éternelle et opère-t-elle après sa mort des œuvres de sanctification.

Le lendemain, monseigneur l'Évêque officia pontificalement; puis, à la suite d'un éloquent discours, annonça la création d'un poste de *missionnaires* chargés de veiller à la garde des reliques précieuses de l'apôtre de la Normandie.

Ce prélat, héritier du zèle de ses prédécesseurs pour la gloire du bienheureux Thomas, a ouvert dans la Revue du diocèse une souscription pour la restauration de l'église et du tombeau. La générosité des fidèles a répondu à son appel. Espérons que le monument de pierre ne s'élèvera pas seul, mais qu'en même temps la piété toujours plus fervente des pèlerins obtiendra, pour la mémoire du Bienheureux, le suprême honneur de la canonisation.

GUIDE DES PÈLERINS.

I.

RELIQUES ET TOMBEAU DU BIENHEUREUX.

E corps du Bienheureux avait été inhumé dans la partie méridionale du cimetière, à l'endroit qu'il avait lui-même désigné. Quelques années après, sur cet emplacement s'élevait une chapelle qui devint le chœur de l'église de Biville. En 1533, le curé de Biville, Michel Leverrier, érigea au milieu de ce chœur, un tombeau qui subsista jusqu'en 1778 et eut la rare fortune d'échapper au vandalisme des protestants du xvi° siècle, si désastreux pour les monuments religieux de la Normandie. Il dut disparaître en 1778 après avoir été complètement dégradé par la piété trop peu réservée des nombreux pèlerins qui le visitèrent. Ce monument était surmonté de la statue couchée du Bienheureux représenté en habits sacerdotaux, les mains jointes, la face tournée vers le ciel; les surfaces verticales étaient ornées de dix tableaux au pied desquels on lisait les inscriptions suivantes :

1° L'an de grâce 1533, M. Michel Le Verrier curé de céans et doyen d'Orglandes, a donné ce tombeau.

2° Comme l'esprit d'un prestre s'apparu à sa niepce pour accomplir un vœu céans.

3° Comme il fut alluminé un aveugle par la prière du benoist Thomas.

4° Comme le benoist Thomas a ressuscité un enfant cheu sous la roue d'un moulin.

5° Comme le benoist Thomas a ressuscité une fille, laquelle a été noyée.

6° Comme le benoist Thomas preschait devant les évêques de Coutances et d'Avranches.

7° Comme le benoist Thomas a ressuscité un homme lequel était muet, sourd et insensé.

8° Comme le benoist Thomas a ressuscité une fille qui étoit noyée dans une fontaine.

9° Comme le benoist Thomas a ressuscité un enfant noyé dans un fossé plein d'eau.

10° Comme le benoist Thomas a ressuscité un enfant noyé dans un étang.

Le tombeau de Michel Le Verrier fut remplacé en 1778 par un monument recouvert d'une très lourde plaque de marbre blanc d'Italie. Le saint prêtre est représenté en bosse sur cette pierre, revêtu du surplis et de l'étole, la face tournée vers le peuple. Autour du mausolée est gravée cette inscription :

Marbre donné par messire Jacques François Dugardin, écuyer chevalier de l'Ordre royal et militaire de saint Louis, lieutenant-colonel au corps royal de l'artillerie, seigneur et patron de cette paroisse. Gravé et fait construire par les soins et les dons de M.... curé, et autres personnes pieuses de cette paroisse; par P. Fréret et ses Fils, en 1778.

A l'une des extrémités se trouvent les lettres initiales : L. B. Th. D. B. (*Le Bienheureux Thomas de Biville*).

Ce tombeau porte encore les traces du vandalisme des révolutionnaires qui ont mutilé, à coups de marteau, le nez, les mains et les pieds de l'image du Bienheureux. Aussi est-il conservé à l'entrée du chœur, du côté de l'Évangile, et n'a pas cessé d'être en grande vénération près des pèlerins.

Peu d'années, en effet, après l'érection de ce monument, avait éclaté la Révolution.

Les reliques du Bienheureux furent transportées à Virandeville. Elles y restèrent jusqu'au 16 septembre 1803, jour où elles furent restituées à la paroisse de Biville et replacées dans le tombeau profané par la Révolution, à l'exception de la tête laissée à Virandeville et de quelques ossements accordés à la cathédrale de Coutances et aux églises de Virandeville, de Saint-Maurice et d'Yvetot. Le jeudi 18 avril 1811, en exécution d'une décision de l'évêque de Coutances, qui terminait de longues difficultés entre Biville et Virandeville, la tête du Bienheureux fut réunie à ses autres ossements dans le tombeau de Biville. Le tout y demeura jusqu'au 19 octobre 1859. A cette date, les reliques furent solennellement élevées et placées dans un reliquaire provisoire qui fut remplacé le 18 octobre

1860 par le grand reliquaire vitré à encadrement revêtu d'argent repoussé, don du marquis d'Aigneaux de Picauville, conseiller général de la Manche.

Le monument de pierre qui entoure encore aujourd'hui ce reliquaire, est fermé par une porte de cuivre à l'effigie du Bienheureux Thomas, et orné de huit panneaux historiés représentant les sujets suivants :

1° Le Bienheureux instruit les enfants.

2° Il se présente devant l'évêque Hugues.

3° Il prêche devant les évêques de Coutances et d'Avranches.

4° Il commande aux nuages.

5° Il dit la sainte messe devant saint Louis.

6° Il meurt à Vauville.

7° Visite du tombeau en 1266 par Eudes Rigaud, archevêque de Rouen, accompagné du dominicain Raoul Dugardin et du clerc Clément, premier historien du bienheureux.

8° Élévation des reliques en 1859 par l'archevêque de Rouen et les évêques de Coutances, de Séez, de Bayeux, d'Évreux et d'Autun.

Une piété indiscrète a, comme dans les siècles précédents, creusé la pierre et mutilé les sculptures de ce tombeau.

II.

ÉGLISE DE BIVILLE.

Il serait bien doux à la piété des fidèles de prier dans le sanctuaire où Thomas Hélye passa tant de nuits en ferventes oraisons, dans ce lieu, témoin de ses plus rudes austérités. Mais l'antique église ne subsiste plus; on en voit seulement les vestiges au delà du portail de l'église actuelle dont nous allons exposer très brièvement l'histoire.

Vers l'année 1260, selon une tradition fort accréditée, dom Martin, moine bénédictin, prieur de Héauville, en reconnaissance d'une guérison obtenue par l'intercession du Bienheureux, s'engagea à faire élever une chapelle en son honneur. Au dire de cette même tradition, il eut recours au roi saint Louis dont les libéralités contribuèrent largement à l'érection du pieux monument.

Ce qui est certain, c'est que vers cette époque existait, en l'honneur du saint prêtre de Biville, une chapelle contiguë à l'abside de l'église. On y avait transporté avec grande pompe les restes vénérés du Bienheureux. Le nouveau sanctuaire étant fort élevé, large et très beau, on en fit plus tard le chœur de l'église paroissiale ; le vieux chœur fut transformé en nef, et la première nef fut démolie.

Ces travaux eurent lieu au commencement du xvie siècle ; puis il y a un siècle et demi, une partie de la nef, c'est-à-dire de l'ancien chœur, fut reconstruit.

« Mais le chœur actuel et une partie de la « nef jusqu'à la première arcade offrent des in- « dices d'une grande antiquité, tels que des « fenêtres très allongées, très étroites, termi- « nées par une pointe ogivale un peu obtuse et « encadrées de deux colonnes très longues, ter- « minées par deux arcs en ogive ; entre ces « fenêtres, des groupes de cinq colonnettes fort « longues, surmontées d'un bouquet de cinq « arcades..... La tradition est ici confirmée par « l'état matériel de l'architecture actuelle [1] ».

[1] M. Couppey, *Recherches historiques concernant Thomas Hélye.*

III.

ORNEMENTS DU BIENHEUREUX THOMAS HÉLYE.

CHASUBLE ET CALICE.

La chasuble et le calice, don royal du plus pieux monarque au saint prêtre Thomas Hélye, présentent un double intérêt aux fidèles et à l'antiquaire. Nous en donnons la description d'après M. de Caumont.

« Cette chasuble, dont le tissu se compose de soie et de fil d'or et d'argent, offre sur toute sa surface des compartiments en losange, formant une sorte de damier. Quatre figures sont brodées dans les losanges, savoir : une fleur de lis, une façade de château à trois tours crénelées, un aigle et un lion efflanqué, allongé[1].

[1] Un critique sévère et autorisé ne voit dans ces figures héraldiques qu'un motif d'ornementation fort usité au xiiie siècle.

« Ces figures appartiennent à saint Louis et à sa famille. La fleur de lis est le signe héraldique des rois de France; Blanche de Castille réunissait le lion allongé et efflanqué du royaume de Léon aux trois tours, armoiries de sa famille; l'aigle simple de sable formait les armoiries de la maison de Maurienne d'où était issue Marguerite de Provence, femme de saint Louis.

« Les armes de France et de Castille sont disposées sur la même ligne et alternent; les lions et les aigles sont disposés en lignes horizontales sans alternat, de sorte que chaque ligne composée de fleurs de lis et de châteaux de Castille, se trouve encadrée entre une ligne de lions et une ligne d'aigles.

« Les couleurs sont, comme on le pense, très ternies; les armes de France et de Castille paraissent avoir été sur fond rouge, les autres sur fond de sinople ou verdâtre, et, comme il y a deux rangs de ces dernières pour un des armes de France et de Castille, la teinte verdâtre domine.

« Le bas de la chasuble a été raccommodé; le galon qui sépare la chasuble au centre est d'un travail particulier. *Cet ornement a la forme antique du moyen-âge*, comme on doit le penser. Il se termine en pointe par devant et par derrière et descend des épaules presque sur les mains ».

Avec la chasuble on conserve à Biville une étole dont les dessins sont très variés.

Le calice du Bienheureux est un objet encore plus précieux. Il est de vermeil; la coupe en est large et la tige très basse, le pied est très développé. « La forme du calice, dit M. de Caumont, est du xiiie siècle, mais les lettres d'une inscription gravée sur le pied ont une forme qui semble dénoter le xve siècle. On y lit répétés six fois, les mots : « *Sui donné par amour* ».

Le savant archéologue donne une explication de cette anomalie : « On peut supposer que des réparations ont été faites au pied du calice, et que l'inscription aura été regravée longtemps après pour consacrer le don fait par saint Louis à Thomas Hélye ». Il est certain d'ailleurs que diverses réparations ont eu lieu ; la dernière ne date que de vingt années et l'orfèvre qui l'a faite atteste la plus haute antiquité du précieux calice.

Au milieu de la patène, qui est également de vermeil, est gravée une main qui donne la bénédiction.

A l'histoire des ornements du Bienheureux,

se rattachent deux faits extraordinaires. En 1628, Monsieur Germain Varangue, curé de Biville, avait chargé un orfèvre de Villedieu, d'une réparation au calice. L'orfèvre s'acquitta de sa mission avec beaucoup de respect; il avait acheté exprès pour son travail des gants et un mouchoir qu'il conserva depuis comme des reliques. Un jour, le feu prit chez un de ses voisins. Les deux maisons contiguës à droite et à gauche de celle du digne ouvrier étaient couvertes en chaume. Elles furent toutes les deux consumées. Les flammes passèrent par dessus celle qui abritait le calice du Bienheureux et la laissèrent intacte. Son propriétaire attribua cette préservation à la protection du Bienheureux et fit un pèlerinage d'actions de grâces à Biville.

Lors des pillages exercés par les protestants à la fin du xvie siècle, les ornements, linges et étoffes de l'église de Biville furent renfermés dans une muraille. Tous ces objets furent détériorés et détruits à l'exception des ornements, et, entre autres, de la chasuble qui avaient appartenu au Bienheureux.

IV.

CONFRÉRIE DU BIENHEUREUX THOMAS.

Confrérie de Biville.

Erection. — Le 19 octobre de l'an 1317, plusieurs ecclésiastiques réunis dans l'église de Biville pour y célébrer l'anniversaire de la mort de Thomas Hélye, *émus de piété et de dévotion envers ce saint*, établirent une société, sous le titre et en l'honneur de Dieu, de tous les saints, et du décès du Bienheureux Thomas dont le corps repose en sa chapelle à Biville, et en dressèrent sur-le-champ les statuts.

Statuts. — Article 1er. Tous les ans, le 19 octobre, on célébrera trois messes dans cette chapelle : la première du Saint-Esprit, la deuxième de la bienheureuse Vierge Marie, et la troisième des défunts ; — ce même jour on distribuera des aumônes à tous les pauvres qui se trouveront en ce lieu.

Art. 2. Une lampe brûlera dans cette chapelle.

Art. 3. Les confrères entretiendront un chapelain chargé de célébrer dans cette chapelle, chaque semaine, une messe du Saint-Esprit, une de la bienheureuse Vierge Marie, une pour les défunts.

Trois autres articles déterminaient les charges imposées aux confrères et réglaient l'administration de la confrérie.

Cette association compta dès l'origine un nombre de personnes notables : évêques, abbés, prêtres, seigneurs et hommes de toute condition. En l'année 1325, elle possédait déjà des revenus relativement considérables.

Après une période de tiédeur, la confrérie prit de nouveaux développements vers la fin du XVIIe siècle et reçut du pape Innocent XII un bref d'approbation, le 23 décembre 1692. On ajouta quelques articles aux statuts, notamment la célébration d'une grande messe chaque mois pour tous les membres de l'association, et le choix d'un patron que chaque confrère devait particulièrement honorer et imiter pendant toute l'année.

La paix du royaume et l'extirpation de l'hérésie, le maintien de la discipline ecclésiastique, la sanctification des pasteurs et la protection de la personne sacrée du roi, telles étaient les fins que se proposaient les confrères dans leurs prières.

Confrérie de Saint-Maurice.

En 1693, Mgr de Loménie de Brienne consentit à l'érection, dans la paroisse de Saint-Maurice, d'une confrérie semblable à celle de Biville. On se proposait spécialement de demander à Dieu de bons prêtres, de prier pour la conversion des pécheurs, la persévérance des bons et la délivrance des âmes du purgatoire.

Réunion des deux confréries.

Par un bref du Souverain Pontife Innocent XII, en date du 21 décembre, la confrérie de Saint-Maurice fut approuvée et son union avec celle de Biville autorisée. Ce bref accordait plusieurs indulgences que nous mentionnerons plus loin.

Suspendue par la persécution, la confrérie fut rétablie le 30 novembre 1806 par mandement de M. Bonté, vicaire général de Mgr Rousseau, évêque de Coutances.

Confrérie du Bienheureux Thomas, réorganisée par Mr Daniel après la réception du Bref de S. S. Pie IX, en 1859.

But de l'association. — Les associés se proposent, afin d'imiter les vertus des saints et spécialement celles du Bienheureux Thomas, de considérer souvent leurs exemples, de combattre les tentations et de se rappeler fréquemment la présence de Dieu. Ils visiteront avec dévotion l'église et prieront avec piété les uns pour les autres. Ils demanderont aussi spécialement à Notre Seigneur, qu'il accorde à son Église la paix et qu'il lui donne de bons et dignes ministres par l'intercession du Bienheureux Thomas.

Obligations des confrères. — Il n'y a aucune prière obligatoire ; on recommande toutefois aux associés de réciter les Psaumes de la pénitence et les Litanies des saints, ou le Rosaire, avec l'Oraison du Bienheureux Thomas, les uns pour les autres, au moins une fois chaque année.

Les associés auront une grande charité pour le prochain, veilleront spécialement sur l'instruction chrétienne de leurs enfants et domestiques, prendront soin de leur apprendre les principaux mystères de la foi, de leur faire conserver l'habitude de prier Dieu soir et matin et de fréquenter les sacrements.

Ils paieront chaque année une somme de soixante centimes (ou six francs pour l'amortissement de cette rente), afin d'avoir part à perpétuité aux messes du premier lundi de chaque mois et au service solennel du 20 octobre.

Tableau des Indulgences accordées à la dite Confrérie par N. S. P. le Pape Pie IX, le 12 juillet 1859..

I. *Indulgences plénières.*

1° Le jour de l'entrée dans la Confrérie (confession et communion).

2° Le jour de la Toussaint (confession, communion, visite de l'église).

3° A l'heure de la mort (confession, communion, invocation des saints Noms de Jésus et Marie).

II. *Indulgences partielles.*

1° — 7 ans et 7 quarantaines, à la condition de visiter une église ou chapelle et d'y prier aux intentions de Sa Sainteté.

Chacun des quatre jours fixés par l'évêque diocésain, savoir :

1° Le dimanche de la Très Sainte Trinité.

2° Le dimanche de la solennité des SS. Apôtres Pierre et Paul.

3° Le jour où l'on fait dans le diocèse la fête des Saintes Reliques.

4° Le 19 octobre, jour de la fête du Bienheureux Thomas.

2° — 60 jours d'indulgences, chaque fois que les associés s'acquitteront de quelqu'une des œuvres de piété ci-après :

Assister à la messe ou à quelque office dans l'église de la Confrérie;

Assister à quelque réunion de ladite Confrérie;

Donner l'hospitalité aux pauvres;

Réconcilier des ennemis;

Accompagner les morts à la sépulture;

Assister à quelque procession, accompagner le Saint-Sacrement soit à la procession, soit quand on le porte aux malades (en cas d'empêchement, dire au son de la cloche une fois *Pater* et *Ave*);

Réciter au son de la cloche cinq fois *Pater* et *Ave* pour les défunts;

Ramener dans la voie du salut quelqu'un de nos frères égarés;

Enseigner au prochain les éléments de la foi, ou pratiquer quelqu'autre œuvre de charité.

V.

QUELQUES-UNS DES MIRACLES OPÉRÉS PAR L'INTER·
CESSION DU BIENHEUREUX THOMAS[1].

Guérison de cinq aveugles.

Jeanne Potin, d'Equeurdreville.
Typhaine Durand, du Tot, de Cherbourg.
Raoul Flamand, de Cherbourg.
Emine La Gallarde, de Querqueville.
Raoul, de Tréauville.

Guérison de deux sourds.

Sabine, femme de Guillaume Hugues, de
Flottemanville.
Emine Le Petit, de Querqueville.

[1] Ces miracles sont extraits de l'information canonique
faite par Jean d'Essey et Raoul Desjardins, et rapportés par
Clément (1261-1274).

Guérison d'une muette.

Luce, de Hainneville.

Guérison de cinq boiteux.

Mathilde Le Cerf, d'Eculleville.
Guillaume Haslé, de Vindefontaine.
Les deux enfants de Geoffroi Tolissac, de Saint-Symphorien.
Nicolas Dubosc, de Turqueville.

Guérison de huit paralytiques ou perclus.

Cécile Potin, d'Equeurdreville.
Nicolas Tesson, d'Equeurdreville.
Jeanne Lefèvre, de Digulleville.
Alice, femme de David, de Vauville.
Thomas du Hamel, de Tréauville.
Thomas Anquetil, de Vindefontaine.
Nicolas de la Mare, de Biville.
Germain Glace, de Gerville.

Guérison de quatre épileptiques.

Albert Lahequette, de Querqueville.
Robert Cousin, clerc, de Lithaire.

Guillaume Legrand, de Picauville.
Thomassin Duverger, de l'Aulne.

Guérison de trois goutteux.

Emma Geoffroy d'Hélye, de la Haye-du-Puits.
Guillaume, de Douville.
Dom Martin, moine bénédictin, prieur du monastère d'Héauville.

Guérison de cinq malades.

La mère de Gauvain, seigneur de Vauville.
Raoul du Tot, de Vauville.
Hélène Le Provost, de Saint-Germain-le-Gaillard.
Richard Le Provost, de la même paroisse.
Marguerite Avril, de Tonneville.

Guérison de cinq personnes affligées de plaies extérieures.

Jean Tranchefer, de Sainte-Trinité de Cherbourg.
Guillaume Regnouf, de Turqueville.
Mathilde Jean, de la Haye-du-Puits.

Lucie Richard, du Ham.

Marguerite Roger, de Saint-Germain-le-Gaillard.

Guérison de deux enfants mourants.

Nicolas du Gardin, de Saint-Germain-le-Gaillard.

Guillaume Hébert, de la même paroisse.

Résurrection de six noyés.

Raoul Hébert, de Saint-Germain-le-Gaillard.

Agnès Martin, des Moitiers, près Pont l'Abbé,

Julienne Lefèvre, de Saint-Symphorien.

Pierre du Gardin, de Biville.

Thomassin Osbert, de Saint-Germain-le-Gaillard.

Alice de la Barre, de Taillepied [1].

[1] Ces trois derniers miracles furent constatés après la première enquête, par Jean d'Essey et Raoul Desjardins.

VI.

FONTAINE DU BIENHEUREUX.

———

Cette fontaine dont l'eau pure et limpide sort du piédestal d'une croix de granit, se trouve dans un terrain communal à deux kilomètres, à peu près, de l'église de Biville, au delà de la route de Beaumont aux Pieux. Elle a été de tout temps l'objet de la visite et de la vénération des pèlerins[1]. On voit maintenant près de cette source la statue du Bienheureux, donnée par la paroisse d'Equeurdreville, près Cherbourg.

Cette statue, mal protégée par la grille qui l'entoure, est mutilée. La voûte de pierre qui l'abrite n'offre aucune particularité et ressemble à celles qui recouvrent ordinairement nos puits.

[1] Plusieurs y puisent de l'eau pour boire ou pour laver leurs plaies. Des guérisons ont été attribuées à l'action surnaturelle de cette eau.

Mais le site ne manque pas d'intérêt. La colline aride au pied de laquelle jaillit la source et la colline opposée sont d'une sévère beauté; l'étroite vallée resserrée entre leurs flancs présente quelque ombrage, agrément rare en ce pays.

TABLE.

APPENDICE.

BAR-LE-DUC, IMPRIMERIE CONTANT-LAGUERRE.